Dieses Buch gehört:

Der Bücherbär
1. Klasse

Liebe Eltern,

jedes Kind ist anders. Manche Kinder kennen bereits alle
Buchstaben in der Vorschule und können erste Wörter lesen.
Andere Kinder lernen das Abc in der Schule. Für das spätere
Leseverhalten ist es jedoch völlig unerheblich, wann die Kinder
das Alphabet meistern. Wichtig aber ist der Spaß am Lesen –
von Anfang an. Deshalb ist das Bücherbär-Erstleserprogramm
konzeptionell auf die Fähigkeiten und Bedürfnisse der Kinder
abgestimmt.

Dieses Buch richtet sich an Leseanfänger in der 1. Klasse.
Die besonders übersichtlichen Leseeinheiten und kurzen Zeilen
sind ideal zum Lesenlernen. Das Hervorheben der Sprechsilben
in Dunkelblau/Hellblau hilft dabei, ein Wort richtig zu lesen
und zu verstehen. So können Leseanfänger jede Sprechsilbe
erkennen: Idee, Radio. Zusätzlich regen lustige Rätsel und
Verständnisfragen zum Nachdenken und zum Gespräch über
die Geschichten an. Denn Kinder, die viel Gelegenheit zum
Sprechen haben, lernen auch schneller lesen.

Ihr Bücherbär

Empfohlen von **westermann**

Ulrike Kaup

Piratengeschichten

Mit Silbentrennung,
Bilder- und Leserätseln

Bilder von Saskia Gaymann

Ulrike Kaup

wurde in Gütersloh geboren. Sie studierte Germanistik und
Sozialwissenschaften in Münster. Danach ging sie ins Ausland
und lebte unter anderem ein halbes Jahr in Australien.
Sie ist Realschullehrerin und schreibt Kinderbücher.

Saskia Gaymann

ist 1979 in Freiburg geboren, in den 90er-Jahren in Rom aufgewachsen.
Nach erfolgreichen Jahren als Visagistin für diverse Fernsehformate arbeitet
sie seit 2008 als selbstständige Illustratorin und Cartoonistin in Köln.
Inzwischen sind 16 Bücher erschienen. Frech, neugierig und mit einem
breiten Grinsen im Gesicht ziehen ihre kleinen und großen Helden mit Witz
und unverkennbarem Strich auf Entdeckungsreise durchs Leben. Saskia
Gaymann lebt mit ihrem Mann und den zwei Kindern in Köln.

Ein Verlag in der Westermann Gruppe

MIX
Papier aus verantwor-
tungsvollen Quellen
FSC® C110508
FSC
www.fsc.org

www.blauer-engel.de/uz195
• ressourcenschonend und
  umweltfreundlich hergestellt
• emissionsarm gedruckt
• überwiegend aus Altpapier
MI6
Dieses Druckprodukt ist mit dem Blauen Engel ausgezeichnet

Der Bücherbär
1. Auflage 2022
© 2022 Arena Verlag GmbH
Rottendorfer Straße 16, 97074 Würzburg
Alle Rechte vorbehalten

Text: Ulrike Kaup
Cover und Innenillustrationen: Saskia Gaymann
Gesamtherstellung: Westermann Druck Zwickau GmbH
Printed in Germany

ISBN 978-3-401-71672-5

Besuche den Arena Verlag im Netz:
www.arena-verlag.de

Inhalt

In diesen Geschichten spielen mit:

Kapitän Schwarzauge

Pepe

Edgar

Kapitän Großmaul

Krake Karl

Bonny

Schwierige Wörter im Text:

die Bratpfanne

die Fratzen

die Schiffsglocke

die Insekten-Forscherin

die Achterbahn

der Herkules-Käfer

Eine tolle Überraschung

Kapitän Schwarzauge schläft
tief und fest in seiner Koje.
Sein Sohn Pepe aber
ist schon lange wach.

Hoffentlich vergisst Papa
meinen Geburtstag nicht,
denkt Pepe.
Ob ich wohl endlich
einen Hund bekomme?
Oder einen kleinen Gecko?

 Warum kann Pepe nicht schlafen?

„Aufstehen! Frühstück!",
ertönt plötzlich eine Stimme.
Kapitän Schwarzauge fällt fast
aus seiner Koje.
„Du siehst komisch aus!",
krächzt die Stimme
und lacht los.

Kapitän Schwarzauge schnappt
seinen Säbel und
stürzt aus der Kajüte.
Auch Pepe springt auf.
„Komm raus, du Kobold!",
ruft er mutig.
Mit einer Bratpfanne bewaffnet
läuft er aufs Deck.

Doch die unheimliche Stimme
macht sich über Pepe lustig.
„Gibt es heute Spiegel-Eier?",
krächzt sie.
Jetzt merkt Pepe,
dass die Stimme von oben kommt.
Was für eine Überraschung!
Ein Papagei!

„Alles Gute zum Geburtstag!",
wünscht Kapitän Schwarzauge.
„Das ist Edgar! Dein Geschenk.
Pass gut auf ihn auf!"
Da klettert Pepe schnell hoch
zu seinem neuen Freund.

Pepe hat Geburtstag. Von wem bekommt er welches Geschenk?

Hilfe, ein See-Ungeheuer!

Aufgeregt schlägt Edgar
mit den Flügeln.
„Wale in Gefahr!", krächzt er.
„Schöner Seegurken-Salat!",
schimpft Kapitän Schwarzauge.
„Die Könige der Meere!
Wer wagt es, sie anzugreifen?"

„Kapitän Großmaul in Sicht!",
ruft Pepe.
„Er macht die Kanonen bereit!
Wir müssen ihn verjagen.
Flieg los, Edgar,
und suche Karl, die Krake.
Er muss uns helfen."

Wie will Kapitän Großmaul
die Wale angreifen?

Pepe hat eine gute Idee.
Er flitzt unter Deck und
holt acht Kürbisse
mit schrecklichen Fratzen.
„Damit werden wir
Kapitän Großmaul erschrecken",
erklärt er seinem Vater.

Edgar ist schnell wieder da.
Und er hat Karl mitgebracht.
„Fang die Kürbisse!",
ruft Pepe der Krake zu.
„Und versteck dich dann.
Erst wenn die Glocke läutet,
lässt du dich wieder blicken."

Kapitän Großmaul hat die Wale
fast eingeholt.
Er steht auf einer Kanone
und will sie abfeuern.
„Aus dem Weg mit euch,
ihr stinkenden Wasser-Ratten!",
brüllt er Pepe
und seinen Vater an.

21

„Wir wollen dich beschützen",
erwidert Pepe.
„Vor dem Ungeheuer
mit den acht Köpfen!"
Da ertönt die Schiffsglocke:
Ding, dong, ding, dong!
Und Karl verlässt sein Versteck.

Acht Kürbis-Köpfe tanzen
vor Großmaul auf den Wellen.
„Hilfe!", jammert er.
„Das See-Ungeheuer!"
Er wirbelt das Steuer herum
und zieht ganz schnell Leine.

„Puh, das war knapp!",
sagt Pepe und grinst.
Er fängt die Kürbis-Köpfe auf,
die Karl wieder zurückwirft.
„Das will ein Pirat sein!",
wiehert Kapitän Schwarzauge.
„Nicht mutiger
als ein Fisch-Stäbchen!"

Zwei Kürbis-Köpfe sehen genau gleich aus. Welche sind es?

Auf zur Käfer-Insel!

„Guckt mal,
was ich gefunden habe!",
ruft Karl, die Krake.
Er zieht ein Segel-Boot
hinter sich her,
das Pepe bekannt vorkommt.

26

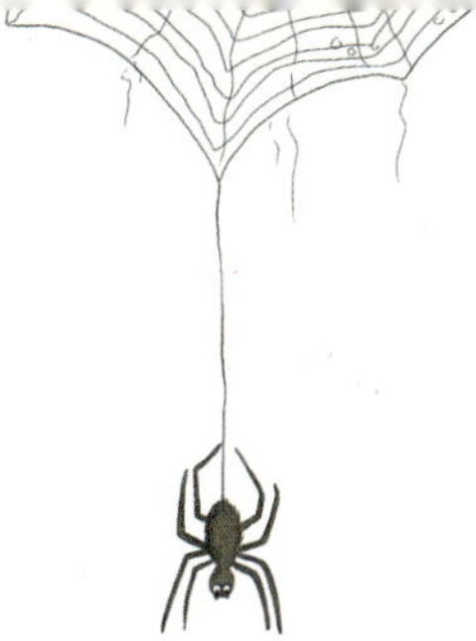

„Das ist doch Bonnys Boot",
stellt Pepe aufgeregt fest.
„Sie hat das kleinste Schiff,
aber ein großes Herz für Käfer,
Spinnen und Schmetterlinge.
Sie beobachtet oft Insekten
auf der Käfer-Insel.
Ob ihr etwas passiert ist?"

 Welche Tiere mag Bonny?

„Spinnen und Wanzen tanzen
auf Deck, oh Schreck!",
krächzt Edgar.
„Wer schlecht reimt,
darf nicht mit
zur Käfer-Insel",
warnt Pepe seinen Papagei.
Da hält Edgar den Schnabel.

Kapitän Schwarzauge nimmt Kurs
auf die Käfer-Insel.
Vielleicht hat ja der Wind
Bonnys Boot losgerissen,
überlegt Pepe.
Bestimmt fürchtet sie sich,
so allein auf der Insel.

Doch Bonny winkt ihnen
fröhlich zu.
Pepe wundert sich.
„Wir wollten dich retten",
erklärt er verdutzt.

„Warum retten?", fragt Bonny.
„Es ist schön hier!
Ich bin jetzt
Insekten-Forscherin
und nicht mehr Piratin."
„Willst du denn nie mehr
auf Schatz-Suche gehen?",
fragt Kapitän Schwarzauge.

„Das ist mein Schatz!",
sagt Bonny strahlend.
„Schaut mal her!"
Ein riesiger Herkules-Käfer
krabbelt auf ihre Schulter.
„Das ist Theo!", sagt sie.
„Theo mit den
schönsten Flügeln der Welt."

In Pepes Kajüte haben sich eine Spinne, ein Schmetterling und ein Käfer versteckt. Finde sie!

Ein komischer Fisch

Pepe lümmelt auf Deck herum.
Er wartet darauf,
dass ein Fisch anbeißt.
Schon vor Stunden hat er
seine Angel ausgeworfen
und noch nichts gefangen.
Nicht mal eine Sardine!

Als er beinahe einschläft,

krächzt Edgar:

„Fischers Fritz fischt

frische Fische!"

Sofort zieht Pepe

die Angel-Schnur ein.

Nanu? Was hängt denn da

am Angel-Haken?

Etwas Buntes flattert
wie ein Drachen im Wind.
„Komischer Fisch",
krächzt Edgar.
„Da lachen ja die Heringe!"
„Das ist kein Fisch",
sagt Pepe.
„Das kann man aufblasen."

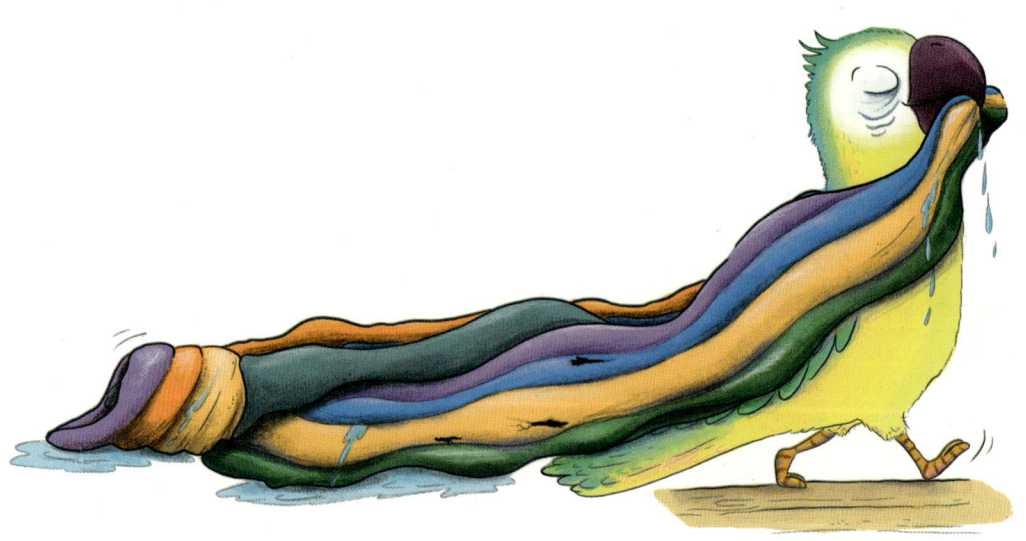

Pepe entdeckt drei Löcher,

die er flicken muss.

Aus seinem alten Regen-Mantel

schneidet er drei Kreise aus

und klebt sie auf die Löcher.

Dann bläst Pepe

das bunte Plastik-Ding auf.

 Wie hat Pepe das Piraten-Schiff

repariert?

Und schwuppdiwupp
steht da ein Piraten-Schiff.
Sogar mit Ausguck!
„Kokos-Keks und Puma-Pups!",
krächzt Edgar begeistert.
„Sofort ausprobieren!"

„Was heutzutage für ein Mist
im Meer herumschwimmt!",
schimpft Kapitän Schwarzauge.
„Aber diesmal können wir
den Mist gebrauchen",
entgegnet Pepe und befestigt
ein dickes Tau an dem Schiff.

Edgar und Pepe fliegen
nur so über das Wasser.
Die Wellen hoch
und wieder runter.
Wie auf einer Achterbahn!
Und die Wale passen gut auf,
dass den beiden Freunden
nichts geschieht.

Wie viele Wale siehst du auf dem Bild?

Zähle sie!

Lösungen

Seite 11: Pepe kann nicht schlafen, weil er heute Geburtstag hat.

Seite 16: So ist es richtig:

Seite 18: Kapitän Großmaul will mit Kanonen auf die Wale schießen.

Seite 25:

Seite 27: Bonny mag Käfer, Spinnen und Schmetterlinge.

Seite 33:

Seite 37: Pepe hat das Piraten-Schiff mit Flicken aus seinem alten Regen-Mantel repariert.

Seite 41: Es sind acht Wale.

Themengeschichten mit Silbentrennung

Schulgeschichten
978-3-401-71563-6

**Spannende
Fußballgeschichten**
978-3-401-71620-6

Monstergeschichten
978-3-401-71650-3

Detektivgeschichten
978-3-401-71651-0

Jeder Band: Ab 6 Jahren • Themengeschichten mit Silbentrennung • Durchgehend farbig illustriert • 48 Seiten • Gebunden • Format 17,5 x 24,5 cm

Große Fibelschrift und Zeilentrennung nach Sinneinheiten

Mit Silbentrennung

Einfache Geschichten
mit kurzen Zeilen

Viele farbige
Bilder

Innenseite aus »Die kleine Eulenhexe«
ISBN 978-3-401-71735-7

Diese Reihe richtet sich an Leseanfänger in der 1. Klasse. Mit der großen Schrift, den kleinen Kapiteln und den vielen farbigen Bildern macht das erste Lesen viel Spaß.

Empfohlen von westermann

Der Bücherbär
1. Klasse

Eine durchgehende Geschichte in Kapiteln

**Beste Freunde und
ein tolles Abenteuer**
978-3-401-71587-2

**Das Geheimnis
der Piratendrachen**
978-3-401-71580-3

**Gefahr in der
Gepardenschlucht**
978-3-401-71369-4

**Dino Oskar und das
geheimnisvolle Ei**
978-3-401-71725-8

Jeder Band: Ab 5/6 Jahren • *Eine durchgehende Geschichte in Kapiteln* • Durchgehend farbig illustriert • 48 Seiten • Gebunden • Format 17,5 x 24,6 cm

Bildergeschichten erleichtern
das Leseverständnis

Zeilentrennung nach Sinneinheiten

Große Fibelschrift

Viele farbige
Bilder

Innenseite aus *»Beste Freunde und ein tolles Abenteuer«*
ISBN 978-3-401-71587-2

Diese Reihe ist auf die Fähigkeiten von Leseanfängern abgestimmt: Übersichtliche Leseeinheiten und kurze Zeilen sind ideal zum Lesenlernen. Das Hervorheben der Sprechsilben hilft dabei, ein Wort richtig lesen und verstehen zu können.

Empfohlen von *westermann*